The Little Lighthouse And Other Bilingual German-English Stories for Kids

Pomme Bilingual

Published by Pomme Bilingual, 2024.

THE LITTLE LIGHTHOUSE AND OTHER BILINGUAL GERMAN-ENGLISH STORIES FOR KIDS

First edition. October 3, 2024.

ISBN: 979-8227079466

Written by Pomme Bilingual.

Table of Contents

Die kleine Wolke und der mutige Bär

Es war einmal eine kleine Wolke, die hoch am Himmel schwebte. Sie war weich und flauschig, aber sie fühlte sich oft einsam. Während die anderen Wolken fröhlich zusammen spielten und Regenbögen malten, blieb die kleine Wolke allein.

Eines Tages sah sie einen großen, braunen Bären am Fuße eines hohen Berges. Der Bär war stark und mutig, doch er wirkte traurig. Neugierig schwebte die kleine Wolke näher heran. „Warum bist du so traurig, großer Bär?" fragte sie.

„Ich fühle mich anders als die anderen Tiere im Wald", antwortete der Bär mit einem Seufzer. „Sie sind schnell und geschmeidig, aber ich bin groß und schwer. Ich kann nicht so schnell laufen wie sie."

Die kleine Wolke nickte verständnisvoll. „Ich verstehe, wie du dich fühlst. Ich fühle mich auch anders. Während die anderen Wolken zusammen fliegen, bin ich allein."

Der Bär schaute die kleine Wolke an und lächelte. „Vielleicht sind wir beide einfach einzigartig. Lass uns zusammen etwas Großartiges schaffen!"

Die kleine Wolke war aufgeregt. „Was meinst du?" fragte sie.

„Lass uns einen Regenbogen malen!", rief der Bär begeistert. „Ich kann die Farben sammeln, und du kannst sie mit deinem Wasser vermischen!"

Gemeinsam machten sie sich an die Arbeit. Der Bär suchte die leuchtendsten Blumen und Früchte im Wald, um die Farben zu finden. Die kleine Wolke schwebte über ihnen und ließ sanfte Tropfen fallen, die die Farben miteinander vermischten.

Bald schwebte ein wunderschöner Regenbogen am Himmel, strahlend und hell. Die anderen Wolken schauten neugierig zu, und die Tiere im Wald kamen, um das Wunder zu bewundern.

„Schau mal, das haben wir zusammen geschafft!", rief der Bär voller Freude.

Die kleine Wolke fühlte sich nicht mehr einsam. „Du hast recht! Es ist wunderbar, anders zu sein, wenn man einen Freund hat."

Der Bär nickte zustimmend. „Gemeinsam können wir alles erreichen!"

Und so lebten sie glücklich und zufrieden, und die Welt wurde ein bunterer Ort durch ihre Freundschaft.

The Little Cloud and the Brave Bear

Once upon a time, there was a little cloud floating high in the sky. She was soft and fluffy, but she often felt lonely. While the other clouds played joyfully together and painted rainbows, the little cloud stayed alone.

One day, she saw a big brown bear at the foot of a tall mountain. The bear was strong and brave, but he looked sad. Curious, the little cloud floated closer. "Why are you so sad, big bear?" she asked.

"I feel different from the other animals in the forest," the bear replied with a sigh. "They are quick and agile, but I am big and heavy. I can't run as fast as they do."

The little cloud nodded understandingly. "I understand how you feel. I feel different too. While the other clouds fly together, I am alone."

The bear looked at the little cloud and smiled. "Maybe we are both just unique. Let's create something great together!"

The little cloud was excited. "What do you mean?" she asked.

"Let's paint a rainbow!" the bear exclaimed enthusiastically. "I can gather the colors, and you can mix them with your water!"

Together, they got to work. The bear searched for the brightest flowers and fruits in the forest to find the colors. The little cloud floated above them, letting gentle drops fall to mix the colors together.

Soon, a beautiful rainbow floated in the sky, bright and vibrant. The other clouds looked on curiously, and the animals in the forest came to admire the wonder.

"Look, we did this together!" the bear shouted with joy.

The little cloud no longer felt lonely. "You're right! It's wonderful to be different when you have a friend."

The bear nodded in agreement. "Together, we can achieve anything!"

And so they lived happily and contentedly, and the world became a more colorful place through their friendship.

Die neugierige Raupe

Es war einmal eine neugierige Raupe, die auf einem grünen Blatt lebte. Jeden Tag schaute sie nach oben und sah die schönen Schmetterlinge, die elegant durch die Luft flogen. „Oh, wie ich fliegen möchte!", seufzte die Raupe. „Ich möchte die Welt von oben sehen!"

Eines Tages, als die Raupe auf einem besonders großen Blatt saß, begegnete sie einer weisen alten Schmetterlings-Dame. Sie war farbenfroh und strahlte in allen Regenbogenfarben. „Warum schaust du so traurig aus, kleine Raupe?" fragte die Schmetterlings-Dame.

„Ich träume davon, zu fliegen", antwortete die Raupe mit einem Seufzer. „Aber ich bin nur eine Raupe. Ich kann nicht fliegen wie du."

Die Schmetterlings-Dame lächelte sanft. „Du musst geduldig sein, kleine Raupe. Die Veränderung braucht Zeit. Du bist noch nicht bereit zu fliegen, aber eines Tages wirst du es können."

„Wie lange dauert es?", fragte die Raupe neugierig. „Ich kann es kaum erwarten!"

„Das kann niemand sagen", antwortete die Schmetterlings-Dame. „Aber ich kann dir versichern, dass es sich lohnt, die Zeit abzuwarten. Nutze diese Zeit, um zu wachsen und zu lernen."

Die Raupe dachte über die Worte der Schmetterlings-Dame nach. Sie begann, die Welt um sich herum genauer zu beobachten. Jeden Tag entdeckte sie neue Dinge: bunte Blumen, summende Bienen und die sanfte Brise, die durch die Blätter wehte. Sie lernte, die kleinen Wunder der Natur zu schätzen.

Nach einer Weile bemerkte die Raupe, dass sie sich veränderte. Sie begann, sich in einen schönen Kokon zu hüllen. „Ist das die Veränderung, von der die Schmetterlings-Dame gesprochen hat?", dachte sie aufgeregt.

Wochen vergingen, und die Raupe wartete im Dunkeln ihres Kokons. Manchmal fühlte sie sich ungeduldig und wollte einfach herauskommen. Doch sie erinnerte sich an die weise Schmetterlings-Dame und wartete geduldig.

Eines Morgens spürte die Raupe, dass etwas Besonderes geschah. Langsam öffnete sie ihren Kokon und schlüpfte heraus. Sie konnte es kaum glauben! Ihre Flügel waren farbenfroh und leuchtend. Sie hatte sich in einen wunderschönen Schmetterling verwandelt!

Die Raupe war überglücklich. Sie breitete ihre Flügel aus und hob ab in die Luft. „Ich fliege! Ich kann fliegen!" rief sie vor Freude.

Die weise Schmetterlings-Dame beobachtete sie von einem Ast. „Ich wusste, dass du es schaffen würdest", rief sie. „Du hast die Geduld und den Mut gehabt, die Veränderung durchzustehen!"

Die kleine Raupe, die nun ein schöner Schmetterling war, flog hoch in den Himmel und erkundete die Welt aus der Luft. Sie wusste jetzt, dass Wachstum Zeit braucht, aber die Schönheit der Veränderung ist es wert.

Und so lebte der Schmetterling glücklich und frei, umgeben von all den Wundern der Natur, die er immer geliebt hatte.

The Curious Caterpillar

Once upon a time, there was a curious caterpillar who lived on a green leaf. Every day, she looked up and saw the beautiful butterflies flying elegantly through the air. "Oh, how I wish I could fly!" sighed the caterpillar. "I want to see the world from above!"

One day, while the caterpillar was sitting on a particularly large leaf, she encountered a wise old butterfly. She was colorful and shone in all the colors of the rainbow. "Why do you look so sad, little caterpillar?" asked the butterfly.

"I dream of flying," replied the caterpillar with a sigh. "But I am just a caterpillar. I can't fly like you."

The butterfly smiled gently. "You must be patient, little caterpillar. Change takes time. You are not ready to fly yet, but one day you will be able to."

"How long will it take?" asked the caterpillar curiously. "I can hardly wait!"

"No one can say," replied the butterfly. "But I can assure you that it will be worth the wait. Use this time to grow and learn."

The caterpillar thought about the butterfly's words. She began to observe the world around her more closely. Every day, she discovered new things: colorful flowers, buzzing bees, and the gentle breeze rustling through the leaves. She learned to appreciate the little wonders of nature.

After a while, the caterpillar noticed that she was changing. She began to wrap herself in a beautiful cocoon. "Is this the change the butterfly was talking about?" she thought excitedly.

Weeks passed, and the caterpillar waited in the darkness of her cocoon. Sometimes she felt impatient and just wanted to come out. But she remembered the wise butterfly and waited patiently.

One morning, the caterpillar felt something special happening. Slowly, she opened her cocoon and emerged. She could hardly believe it! Her wings were colorful and vibrant. She had transformed into a beautiful butterfly!

The caterpillar was overjoyed. She spread her wings and took to the air. "I'm flying! I can fly!" she cried with joy.

The wise butterfly watched her from a branch. "I knew you would make it," she called out. "You had the patience and courage to endure the change!"

The little caterpillar, now a beautiful butterfly, flew high in the sky, exploring the world from the air. She now knew that growth takes time, but the beauty of change is worth it.

And so the butterfly lived happily and freely, surrounded by all the wonders of nature that she had always loved.

Der verlorene Stern

Es war einmal ein kleiner Stern, der hoch am Himmel lebte und jeden Abend strahlend hell leuchtete. Eines Nachts, während er mit seinen Freunden am Himmel spielte, rutschte er aus und fiel mit einem sanften Plumps zur Erde. Der kleine Stern fühlte sich verloren und verängstigt.

Als er in einem dichten Wald landete, blickte er umher und sah nichts als Dunkelheit. „Oh nein! Wie werde ich jemals nach Hause kommen?" dachte der kleine Stern verzweifelt.

In der Nähe saß ein freundlicher Fuchs, der die traurigen Augen des Sterns bemerkte. „Warum weinst du, kleiner Stern?" fragte der Fuchs mit sanfter Stimme.

„Ich habe meinen Platz am Himmel verloren", schniefte der Stern. „Ich weiß nicht, wie ich zurückkehren soll."

Der Fuchs überlegte einen Moment und sagte dann: „Ich kann dir helfen, deinen Weg nach Hause zu finden! Lass uns gemeinsam auf die Reise gehen."

Der kleine Stern war erleichtert. „Danke, lieber Fuchs! Aber wie kannst du mir helfen?"

„Ich kenne den Wald gut. Lass uns den höchsten Hügel erklimmen. Von dort aus können wir vielleicht den Weg zurück zu deinem Himmel finden", antwortete der Fuchs.

Zusammen machten sie sich auf den Weg. Während sie durch den Wald gingen, erzählte der Fuchs dem Stern Geschichten von den Sternen, die er in der Nacht gesehen hatte. „Jeder Stern hat seine eigene Geschichte", erklärte der Fuchs. „Sie sind alle wichtig, auch wenn sie manchmal verloren scheinen."

Der kleine Stern fühlte sich besser. „Ich hoffe, dass ich eines Tages wieder leuchten kann wie die anderen Sterne."

Als sie den höchsten Hügel erreichten, schaute der Fuchs nach oben. „Siehst du die anderen Sterne dort oben?" fragte er. „Sie sind immer noch bei dir, auch wenn du sie nicht siehst. Du musst nur an dich selbst glauben."

Mit neuem Mut blickte der kleine Stern nach oben. „Ich möchte wieder zu ihnen gehören!" rief er.

Der Fuchs lächelte. „Wenn du an dich glaubst, wirst du deinen Platz finden. Lass uns jetzt zusammen nach einem Weg suchen."

Plötzlich leuchtete der kleine Stern hell auf. Ein sanftes Licht strahlte von ihm aus und erhellte den Weg. „Ich kann es fühlen! Ich komme nach Hause!" rief er aufgeregt.

Der Fuchs jubelte. „Du hast es geschafft! Du bist nicht verloren, du bist auf dem Weg nach Hause!"

Mit einem letzten Blick auf seinen neuen Freund bedankte sich der kleine Stern bei dem Fuchs. „Danke für deine Freundschaft und deine Hilfe!"

„Ich werde immer an dich denken", antwortete der Fuchs. „Wenn du leuchtest, werde ich wissen, dass du sicher bist."

Mit einem strahlenden Licht erhob sich der kleine Stern in den Himmel und fand seinen Platz unter den anderen.

Und so leuchtete der verlorene Stern hell am Himmel, und der Fuchs schaute oft nach oben, um seinen Freund zu sehen.

The Lost Star

Once upon a time, there was a little star that lived high in the sky and shone brightly every evening. One night, while playing with his friends in the sky, he slipped and fell gently to the Earth. The little star felt lost and scared.

When he landed in a dense forest, he looked around and saw nothing but darkness. "Oh no! How will I ever get home?" thought the little star despairingly.

Nearby sat a friendly fox who noticed the sad eyes of the star. "Why are you crying, little star?" asked the fox gently.

"I've lost my place in the sky," sniffled the star. "I don't know how to get back."

The fox thought for a moment and then said, "I can help you find your way home! Let's go on a journey together."

The little star felt relieved. "Thank you, dear fox! But how can you help me?"

"I know the forest well. Let's climb the highest hill. From there, we might find a way back to your sky," replied the fox.

Together, they set off. As they walked through the forest, the fox told the star stories of the stars he had seen at night. "Every star has its own story," explained the fox. "They are all important, even if they sometimes seem lost."

The little star felt better. "I hope that one day I can shine like the other stars again."

When they reached the highest hill, the fox looked up. "Do you see the other stars up there?" he asked. "They are still with you, even if you can't see them. You just have to believe in yourself."

With renewed courage, the little star looked up. "I want to belong to them again!" he shouted.

The fox smiled. "If you believe in yourself, you will find your place. Now, let's search for a way together."

Suddenly, the little star shone brightly. A soft light radiated from him, illuminating the path. "I can feel it! I'm going home!" he exclaimed excitedly.

The fox cheered. "You did it! You are not lost; you are on your way home!"

With one last look at his new friend, the little star thanked the fox. "Thank you for your friendship and your help!"

"I will always think of you," replied the fox. "When you shine, I will know that you are safe."

With a brilliant light, the little star rose into the sky and found his place among the others.

And so the lost star shone brightly in the sky, and the fox often looked up to see his friend.

Der einsame Baum

Es war einmal ein einsamer Baum, der auf einem sanften Hügel wuchs. Er war hoch und stark, aber er fühlte sich oft sehr allein. Die anderen Bäume im Wald hatten viele Freunde, die in ihren Ästen lebten, aber der einsame Baum hatte niemanden, mit dem er seine Tage verbringen konnte.

Jeden Tag blickte der Baum sehnsüchtig in die Ferne und wünschte sich, dass jemand zu ihm kommen würde. „Ich möchte nicht mehr allein sein", seufzte er. „Ich möchte auch Freunde haben."

Eines Tages, als der Baum die Sonne genoss, bemerkte er eine Gruppe von kleinen Tieren, die fröhlich über den Hügel hüpften. Es waren Eichhörnchen, Vögel und sogar ein paar Kaninchen. Sie waren auf der Suche nach einem Platz zum Spielen und Ausruhen.

Als sie den Baum sahen, blieben sie stehen und betrachteten ihn neugierig. „Oh, schau dir diesen schönen Baum an!", rief das kleinste Eichhörnchen. „Er hat so viele starke Äste! Lass uns hier spielen!"

Die Tiere kletterten fröhlich in die Äste des Baumes und machten es sich bequem. Der Baum fühlte sich sofort besser. „Hallo, kleine Freunde! Ich bin so froh, dass ihr hier seid!"

Die Tiere schauten sich an und lächelten. „Wir sind auch froh, hier zu sein!“, sagten sie im Chor. „Wir können zusammen spielen und Geschichten erzählen!“

Der Baum war überglücklich. Er hörte den Tieren zu, während sie Geschichten über ihre Abenteuer im Wald erzählten. Er lernte, dass Freundschaft und Gemeinschaft oft an den unerwartetsten Orten entstehen können.

Mit der Zeit wurde der Baum ein beliebter Treffpunkt für die Tiere. Sie kamen jeden Tag, um zu spielen, zu essen und sich auszutauschen. Die Vögel sangen schöne Lieder, und die Eichhörnchen veranstalteten lustige Rennen um den Baumstamm.

Eines Tages, als die Sonne unterging, sagte der Baum: „Ich habe nie gedacht, dass ich so viele Freunde finden könnte. Ihr macht mich so glücklich!“

Die Tiere lächelten und antworteten: „Und du machst uns glücklich! Dein starker Stamm gibt uns Schutz, und wir bringen Freude in dein Leben.“

Und so stand der Baum stolz auf dem Hügel, sein Herz voller Liebe und Freundschaft, und die Tiere sangen Lieder, die im Wind verwehten.

The Lonely Tree

Once upon a time, there was a lonely tree that grew on a gentle hill. He was tall and strong, but he often felt very alone. The other trees in the forest had many friends living in their branches, but the lonely tree had no one to spend his days with.

Every day, the tree gazed longingly into the distance, wishing that someone would come to him. "I don't want to be alone anymore," he sighed. "I want to have friends too."

One day, while the tree was enjoying the sunshine, he noticed a group of small animals happily hopping over the hill. There were squirrels, birds, and even a few rabbits. They were looking for a place to play and rest.

When they saw the tree, they stopped and curiously looked at him. "Oh, look at this beautiful tree!" cried the smallest squirrel. "He has so many strong branches! Let's play here!"

The animals cheerfully climbed into the branches of the tree and made themselves comfortable. The tree immediately felt better. "Hello, little friends! I'm so glad you're here!"

The animals looked at each other and smiled. "We're glad to be here too!" they said in unison. "We can play together and tell stories!"

The tree was overjoyed. He listened to the animals as they shared stories about their adventures in the forest. He learned that friendship and community can often grow in the most unexpected places.

Over time, the tree became a popular gathering spot for the animals. They came every day to play, eat, and share. The birds sang beautiful songs, and the squirrels held fun races around the tree trunk.

One day, as the sun was setting, the tree said, "I never thought I could find so many friends. You make me so happy!"

The animals smiled and replied, "And you make us happy! Your strong trunk gives us shelter, and we bring joy to your life."

And so, the tree stood proudly on the hill, his heart full of love and friendship, while the animals sang songs that floated away in the wind.

Der sanfte Riese

Es war einmal ein sanfter Riese, der in einem großen, grünen Tal lebte. Er war viel größer als alle anderen Wesen in der Nähe, und sein Herz war so groß wie sein Körper. Doch der Riese hatte ein Problem: Er hatte große Angst vor seiner eigenen Größe.

Jeden Tag versuchte der Riese, vorsichtig zu sein, damit er niemanden verletzte. Er machte seine Bewegungen langsam und leise, aber trotzdem passierten immer wieder Missgeschicke. Einmal trat er versehentlich auf einen kleinen Stein und ließ ihn weit durch die Luft fliegen. Die Tiere des Waldes hatten Angst und rannten weg, wann immer sie ihn sahen.

„Warum haben sie so Angst vor mir? Ich will nur helfen!", seufzte der Riese traurig.

Eines Tages, während der Riese am Fluss saß und über seine Einsamkeit nachdachte, bemerkte er eine winzige Maus, die vorsichtig auf ihn zukam. „Hallo, großer Freund!", piepste die Maus. „Warum bist du so traurig?"

Der Riese schaute überrascht auf die kleine Maus. „Ich... ich bin einsam", antwortete er leise. „Niemand will mit mir spielen, weil sie Angst vor meiner Größe haben."

Die Maus schüttelte ihren Kopf. „Das ist schade! Du siehst so freundlich aus. Ich bin sicher, dass du niemandem wehtun willst."

„Das stimmt", sagte der Riese. „Aber ich weiß nicht, wie ich meine Größe annehmen kann. Ich wünsche mir, ich wäre kleiner."

Die Maus überlegte kurz und hatte dann eine Idee. „Wie wäre es, wenn wir Freunde werden? Ich kann dir zeigen, dass du trotz deiner Größe stark sein kannst, und du kannst mir helfen, die Welt zu entdecken!"

Der Riese war überrascht, aber auch glücklich über den Vorschlag. „Du willst wirklich mit mir befreundet sein?" fragte er.

„Natürlich!", sagte die Maus. „Deine Größe kann eine Stärke sein, wenn du sie mit Freundlichkeit benutzt!"

Von diesem Tag an waren der sanfte Riese und die kleine Maus die besten Freunde. Sie lebten glücklich zusammen, und der Riese wusste, dass er seine Größe annehmen konnte, solange er sein großes Herz der Freundlichkeit öffnete.

The Gentle Giant

O nce upon a time, there was a gentle giant who lived in a large, green valley. He was much bigger than all the other creatures nearby, and his heart was as big as his body. But the giant had a problem: he was very afraid of his own size.

Every day, the giant tried to be careful so that he wouldn't hurt anyone. He moved slowly and quietly, but still, accidents happened. Once, he accidentally stepped on a small stone and sent it flying through the air. The animals of the forest were scared and ran away whenever they saw him.

"Why are they so afraid of me? I just want to help!" sighed the giant sadly.

One day, while the giant was sitting by the river and thinking about his loneliness, he noticed a tiny mouse cautiously approaching him. "Hello, big friend!" squeaked the mouse. "Why are you so sad?"

The giant looked surprised at the little mouse. "I... I am lonely," he replied softly. "No one wants to play with me because they are afraid of my size."

The mouse shook her head. "That's too bad! You look so friendly. I'm sure you don't want to hurt anyone."

"That's true," said the giant. "But I don't know how to accept my size. I wish I were smaller."

The mouse thought for a moment and then had an idea. "How about we become friends? I can show you that you can be strong despite your size, and you can help me explore the world!"

The giant was surprised but also happy with the suggestion. "Do you really want to be friends with me?" he asked.

"Of course!" said the mouse. "Your size can be a strength if you use it with kindness!"

From that day on, the gentle giant and the little mouse were the best of friends. They lived happily together, and the giant knew that he could accept his size as long as he opened his big heart to kindness.

Der Regenbogenmaler

Es war einmal ein Eichhörnchen namens Sammy, das sehr schüchtern und zurückhaltend war. Er lebte in einem großen, lebhaften Wald, fühlte sich aber oft unsichtbar. Die anderen Tiere waren laut und beschäftigt, und Sammy zog es vor, allein zu bleiben. Doch er liebte Farben und träumte davon, den Wald mit Freude zu erfüllen. Trotzdem wagte er es kaum, mit den anderen Tieren zu sprechen.

Eines Tages, als Sammy eine versteckte Höhle erforschte, stieß er auf einen alten, leuchtenden Pinsel. Er war anders als alle Pinsel, die er je gesehen hatte. Als Sammy ihn berührte, begann der Pinsel zu schimmern und zu funkeln, und eine Welle kreativer Energie durchströmte ihn. Sammy spürte, dass dieser Pinsel magisch war.

Mit zitternden Pfoten nahm Sammy den Pinsel und lief nach draußen. Er blickte zum Himmel hinauf, der an diesem Tag grau und wolkenlos war. Neugierig hob er den Pinsel in die Luft und malte eine sanfte Bewegung. Zu seiner Überraschung erschien plötzlich ein wunderschöner Regenbogen am Himmel. Die Farben leuchteten über dem ganzen Wald, und die Tiere kamen neugierig heraus, um ihn zu bewundern.

„Schau dir das an!", riefen sie. „So ein wunderschöner Regenbogen!" Die Tiere versammelten sich, lachten und feierten unter dem bunten Himmel. Sammy beobachtete dies aus seinem

Versteck und fühlte sich zum ersten Mal stolz und gesehen, obwohl niemand wusste, dass er der Regenbogenmaler war.

In den nächsten Tagen machte es Sammy zu seiner geheimen Aufgabe, jeden Morgen einen neuen Regenbogen zu malen. Der Wald war erfüllt von Freude, und die Tiere begannen, sich täglich zu versammeln, um die bunten Bögen zu bewundern. Sammy malte heimlich weiter, genoss das Lob, fühlte sich aber immer noch einsam, weil niemand wusste, dass er die Quelle der Farbenpracht war.

Doch eines Tages übertrieb es Sammy. Er malte so viele Regenbögen, dass der Himmel bald ganz mit Farben bedeckt war. Die Tiere, die anfangs begeistert waren, verloren langsam das Interesse. Die Pflanzen im Wald begannen zu welken, weil die Sonne nicht mehr durch die bunten Farben hindurchkam. Der Wald, der einst voller Leben war, begann zu verblassen.

Sammy sah die Veränderung und fühlte sich schuldig. „Was habe ich getan?", dachte er. „Ich wollte den Wald schöner machen, aber jetzt geht es ihm schlechter." Sammy wusste, dass er einen Fehler gemacht hatte. Er musste lernen, die Magie des Pinsels mit Bedacht einzusetzen.

Mit zögernden Schritten trat Sammy endlich aus seinem Versteck und gab den Tieren zu, dass er derjenige war, der die Regenbögen gemalt hatte. Die Tiere waren überrascht, aber anstatt wütend zu sein, begrüßten sie ihn freundlich. „Wir lieben deine Regenbögen, Sammy", sagte der Hirsch, „aber wir brauchen auch die Sonne und das natürliche Gleichgewicht im Wald."

Ermutigt von der Freundlichkeit seiner Freunde, lernte Sammy, die Regenbögen nur sparsam zu malen, als besondere Freude für die Tiere des Waldes. Der Wald begann, sich zu erholen, die Pflanzen blühten wieder, und die Tiere waren glücklicher denn je.

Von da an malte Sammy weiterhin Regenbögen, aber jetzt tat er es nicht mehr allein. Seine Freunde halfen ihm, und gemeinsam schufen sie schöne Momente der Feier und des Zusammenseins.

Und so lebte Sammy glücklich im Wald, als Regenbogenmaler und als Freund aller Tiere.

The Rainbow Painter

Once upon a time, there was a squirrel named Sammy, who was very shy and reserved. He lived in a large, lively forest but often felt invisible. The other animals were loud and busy, and Sammy preferred to be alone. However, he loved colors and dreamed of filling the forest with joy. Yet, he barely dared to speak with the other animals.

One day, while exploring a hidden cave, Sammy came across an old, glowing paintbrush. It was unlike any brush he had ever seen. When Sammy touched it, the brush began to shimmer and sparkle, and a wave of creative energy surged through him. Sammy sensed that this brush was magical.

With trembling paws, Sammy took the brush and ran outside. He looked up at the sky, which was gray and cloudless that day. Curious, he raised the brush in the air and made a gentle stroke. To his surprise, a beautiful rainbow suddenly appeared in the sky. The colors shone over the entire forest, and the animals came out curiously to admire it.

"Look at that!" they exclaimed. "Such a beautiful rainbow!" The animals gathered, laughed, and celebrated under the colorful sky. Sammy watched from his hiding place and, for the first time, felt proud and noticed, even though no one knew he was the rainbow painter.

In the following days, Sammy made it his secret mission to paint a new rainbow every morning. The forest was filled with joy, and the animals began to gather daily to admire the colorful arches. Sammy continued painting in secret, enjoying the praise, but still felt lonely because no one knew he was the source of the vibrant colors.

But one day, Sammy overdid it. He painted so many rainbows that the sky was soon completely covered in colors. The animals, who had been excited at first, gradually lost interest. The plants in the forest began to wilt because the sun could no longer shine through the bright colors. The forest, once full of life, started to fade.

Sammy saw the change and felt guilty. "What have I done?" he thought. "I wanted to make the forest more beautiful, but now it's worse off." Sammy realized he had made a mistake. He needed to learn how to use the magic of the brush wisely.

With hesitant steps, Sammy finally emerged from his hiding place and confessed to the animals that he was the one who had painted the rainbows. The animals were surprised, but instead of being angry, they welcomed him warmly. "We love your rainbows, Sammy," said the deer, "but we also need the sun and the natural balance of the forest."

Encouraged by the kindness of his friends, Sammy learned to paint rainbows sparingly, as a special treat for the forest animals. The forest began to recover, the plants blossomed again, and the animals were happier than ever.

From then on, Sammy continued to paint rainbows, but now he no longer did it alone. His friends helped him, and together they created beautiful moments of celebration and togetherness.

And so, Sammy lived happily in the forest, as the rainbow painter and as a friend to all the animals.

Der kleine Leuchtturm

Es war einmal ein kleiner Leuchtturm, der an der rauen Küste eines weiten Ozeans stand. Er war nicht sehr groß und hatte einen schlichten, weißen Anstrich. Der kleine Leuchtturm fühlte sich oft unbedeutend, besonders im Vergleich zu den großen, majestätischen Leuchttürmen in der Ferne, die stolz in den Himmel ragten.

„Was kann ich schon tun?", seufzte der kleine Leuchtturm oft. „Ich bin nur ein kleiner Leuchtturm, und niemand bemerkt mich."

Die Tage vergingen und der kleine Leuchtturm leuchtete brav in die Nacht hinein, aber er fühlte sich immer noch verloren und ohne Bedeutung. Die Schiffe segelten oft vorbei, ohne seine kleine Lichtquelle zu beachten.

Eines stürmischen Nachts zog ein gewaltiger Sturm auf. Die Wellen schlugen gegen die Küste, und der Wind heulte so laut, dass es sich anfühlte, als würde die ganze Welt beben. Die Schiffe, die auf dem Ozean segelten, gerieten in Panik und verloren die Orientierung.

„Oh nein!", rief der Kapitän eines großen Schiffes. „Wo ist der Leuchtturm? Wir müssen einen sicheren Hafen finden!"

Der kleine Leuchtturm bemerkte das Chaos und fühlte sich auf einmal voller Angst. Doch dann erinnerte er sich an seine

Aufgabe. „Ich muss mein Licht anmachen!", dachte er entschlossen.

Mit all seiner Kraft leuchtete der kleine Leuchtturm so hell er konnte. Sein Licht durchbrach die Dunkelheit und schickte strahlende Strahlen über die stürmischen Wellen. Die Schiffe, die verloren waren, begannen, das Licht zu sehen.

„Da ist er!", rief der Kapitän voller Erleichterung. „Folgt dem Licht!"

Die Schiffe folgten dem Licht des kleinen Leuchtturms und fanden ihren Weg zurück zur Sicherheit des Hafens. Der kleine Leuchtturm strahlte hell und voller Stolz. In diesem Moment wusste er, dass er wichtig war.

Als der Sturm vorüber war und der Morgen dämmerte, kamen die Schiffe in den Hafen und die Kapitäne bedankten sich beim kleinen Leuchtturm. „Danke, kleiner Leuchtturm! Dein Licht hat uns gerettet!"

Der kleine Leuchtturm lächelte. „Ich habe gelernt, dass auch kleine Dinge große Bedeutung haben können. Jeder hat einen Zweck, und ich bin stolz darauf, mein Licht zu teilen."

Von diesem Tag an fühlte sich der kleine Leuchtturm nie wieder unbedeutend. Er wusste, dass er mit seiner Stärke und seinem Licht anderen helfen konnte. Und so stand er weiterhin stolz an der Küste, bereit, jedes Schiff sicher nach Hause zu führen.

The Little Lighthouse

Once upon a time, there was a little lighthouse standing on the rugged coast of a vast ocean. It was not very tall and had a simple white paint job. The little lighthouse often felt insignificant, especially compared to the large, majestic lighthouses in the distance that proudly reached toward the sky.

"What can I do?" sighed the little lighthouse often. "I'm just a little lighthouse, and no one notices me."

Days went by, and the little lighthouse shone bravely into the night, but it still felt lost and without meaning. Ships often sailed by without paying attention to its small light source.

One stormy night, a tremendous storm approached. The waves crashed against the coast, and the wind howled so loudly that it felt as if the whole world was shaking. The ships sailing on the ocean panicked and lost their way.

"Oh no!" shouted the captain of a large ship. "Where is the lighthouse? We need to find a safe harbor!"

The little lighthouse noticed the chaos and suddenly felt full of fear. But then it remembered its purpose. "I must turn on my light!" it thought determinedly.

With all its strength, the little lighthouse shone as brightly as it could. Its light broke through the darkness, sending shining beams over the stormy waves. The ships that were lost began to see the light.

"There it is!" shouted the captain with relief. "Follow the light!"

The ships followed the light of the little lighthouse and found their way back to the safety of the harbor. The little lighthouse beamed brightly and with pride. In that moment, it knew it was important.

When the storm passed and morning dawned, the ships arrived at the harbor, and the captains thanked the little lighthouse. "Thank you, little lighthouse! Your light saved us!"

The little lighthouse smiled. "I have learned that even small things can have great significance. Everyone has a purpose, and I am proud to share my light."

From that day on, the little lighthouse never felt insignificant again. It knew it could help others with its strength and light. And so it continued to stand proudly on the coast, ready to guide every ship safely home.

Der singende Stein

In einem kleinen Dorf, umgeben von sanften Hügeln und blühenden Wiesen, gab es einen besonderen Stein. Dieser Stein war nicht wie die anderen; er war magisch und konnte singen! Jedes Mal, wenn der Wind darüber strich, ertönte eine wunderschöne Melodie, die die Herzen der Dorfbewohner erfreute.

Die Menschen im Dorf waren verschieden. Einige waren groß, andere klein, einige hatten blonde Haare, während andere dunkelhaarig waren. Trotz ihrer Unterschiede lebten sie friedlich zusammen, aber oft fühlten sie sich einsam in ihrer eigenen Welt.

Eines Tages, als die Dorfbewohner wieder einmal dem Gesang des Steins lauschten, kam eine Idee auf. „Warum feiern wir nicht die Unterschiede in unserem Dorf?", schlug die kluge alte Frau Clara vor. „Lasst uns ein Festival veranstalten, bei dem wir unsere Kulturen und Traditionen teilen!"

Die anderen waren begeistert! „Das ist eine wunderbare Idee!", rief der Schneider, der mit bunten Stoffen arbeitete. „Wir können ein Fest mit Musik, Tänzen und leckerem Essen machen!"

Die Vorbereitungen begannen. Jeder brachte etwas mit, um das Festival zu bereichern. Die Bäckerin backte duftende Brote, die Köchin bereitete traditionelle Gerichte zu, und die Kinder übten Tänze und Lieder aus ihren Kulturen.

Als der Tag des Festivals endlich kam, strömten die Dorfbewohner in den großen Platz, der festlich geschmückt war. Der singende Stein stand in der Mitte und wartete darauf, die Feierlichkeiten zu beginnen. Als die ersten Töne des Steins erklangen, füllte sich die Luft mit Freude.

Die Menschen tanzten, sangen und lachten miteinander. Die verschiedenen Farben der Trachten und die unterschiedlichen Klänge der Musik verwandelten den Platz in ein wahres Fest der Vielfalt. Die Dorfbewohner erzählten Geschichten aus ihrer Kindheit, und jeder hörte gespannt zu.

Der Stein sang lauter als je zuvor, als er die Freude der Menschen spürte. Die Melodien vermischten sich mit den fröhlichen Stimmen und schufen eine harmonische Symphonie. In diesem Moment erkannten alle, wie schön ihre Unterschiede waren.

Als der Abend dämmerte, saßen die Dorfbewohner zusammen, voller Glück und Dankbarkeit. „Wir sind wie dieser singende Stein", sagte Clara lächelnd. „Jeder von uns hat eine einzigartige Melodie, und zusammen schaffen wir eine wunderschöne Harmonie."

Und so lebten die Dorfbewohner glücklich und vereint, inspiriert von der Melodie des singenden Steins, der ihnen zeigte, dass Unterschiede eine Quelle der Freude und des Feierns sind.

The Singing Stone

In a small village surrounded by gentle hills and blooming meadows, there was a special stone. This stone was not like the others; it was magical and could sing! Every time the wind blew over it, a beautiful melody echoed, delighting the hearts of the villagers.

The people in the village were different. Some were tall, others small; some had blonde hair while others had dark hair. Despite their differences, they lived peacefully together, but often felt lonely in their own world.

One day, as the villagers listened to the singing stone once again, an idea arose. "Why don't we celebrate the differences in our village?" suggested the wise old woman Clara. "Let's hold a festival where we can share our cultures and traditions!"

The others were excited! "That's a wonderful idea!" exclaimed the tailor, who worked with colorful fabrics. "We can have a festival with music, dancing, and delicious food!"

Preparations began. Everyone brought something to enrich the festival. The baker baked fragrant breads, the cook prepared traditional dishes, and the children practiced dances and songs from their cultures.

When the day of the festival finally arrived, the villagers flocked to the large square, which was festively decorated. The singing stone stood in the center, waiting to start the celebrations. As the first notes of the stone rang out, the air filled with joy.

The people danced, sang, and laughed together. The different colors of the costumes and the various sounds of the music transformed the square into a true festival of diversity. The villagers shared stories from their childhood, and everyone listened with great interest.

The stone sang louder than ever as it sensed the joy of the people. The melodies blended with the cheerful voices, creating a harmonious symphony. In that moment, everyone realized how beautiful their differences were.

As evening fell, the villagers sat together, full of happiness and gratitude. "We are like this singing stone," Clara said with a smile. "Each of us has a unique melody, and together we create a beautiful harmony."

And so, the villagers lived happily and united, inspired by the melody of the singing stone, which showed them that differences are a source of joy and celebration.

Das mutige kleine Eichhörnchen

Es war einmal ein kleines, scheues Eichhörnchen namens Felix, das in einem großen Baum lebte. Felix liebte es, die Äste des Baumes zu erkunden und Nüsse zu sammeln, aber er war sehr schüchtern und hatte Angst vor den anderen Tieren im Wald. Jedes Mal, wenn er ein anderes Tier sah, versteckte er sich hinter den Blättern.

Eines Tages hörte Felix, wie die anderen Tiere über ein großes Abenteuer sprachen. Es ging darum, den höchsten Hügel im Wald zu erklimmen, um die Aussicht zu genießen. Die Tiere waren begeistert, aber Felix fühlte sich unsicher. „Ich kann das nicht! Was, wenn ich falle oder mich verlaufe?", murmelte er ängstlich.

Doch seine Freunde, die fröhliche Meise Mia und der mutige Hase Max, hörten seine Sorgen. „Felix, du bist viel stärker, als du denkst!", sagte Mia aufmunternd. „Komm mit uns! Wir werden dich unterstützen!"

Felix überlegte kurz und entschied sich, es zu versuchen. „Okay, ich werde es wagen", flüsterte er.

Am nächsten Morgen machten sich Felix, Mia und Max auf den Weg zum Hügel. Der Weg war steil und voller Hindernisse. Felix zitterte, als sie die ersten Schritte machten. „Ich kann nicht mehr!", rief er und wollte umkehren.

„Bleib stark, Felix! Wir sind hier bei dir", ermutigte Max. „Denke daran, dass wir gemeinsam stark sind!"

Felix atmete tief durch und setzte einen Fuß vor den anderen. Schritt für Schritt kletterten sie weiter. An einem besonders schwierigen Abschnitt half Mia Felix, indem sie ihn anfeuerte und ihm sagte: „Du schaffst das!"

Nach einigen Minuten des Kletterns erreichten sie schließlich den Gipfel des Hügels. Felix war überwältigt von der Schönheit der Aussicht. „Wow! Ich kann nicht glauben, dass ich es geschafft habe!", rief er begeistert.

„Siehst du, wie mutig du bist?", sagte Max mit einem Lächeln. „Du hast deine Angst überwunden!"

Felix fühlte sich stolz und glücklich. „Ich hätte nie gedacht, dass ich so mutig sein kann! Danke, dass ihr an mich geglaubt habt!"

Die drei Freunde verbrachten den Tag damit, die Aussicht zu genießen und Geschichten zu erzählen. Felix erkannte, dass Mut nicht nur bedeutet, keine Angst zu haben, sondern auch die eigene Angst zu überwinden und neue Dinge auszuprobieren.

Von diesem Tag an war Felix nicht mehr das scheue Eichhörnchen, das er einmal war. Er hatte gelernt, dass er mit der Unterstützung seiner Freunde jede Herausforderung meistern konnte. Und so lebte er mutig und voller Abenteuerlust im Wald, immer bereit für neue Herausforderungen.

The Brave Little Squirrel

Once upon a time, there was a small, timid squirrel named Felix who lived in a large tree. Felix loved exploring the branches of the tree and gathering nuts, but he was very shy and afraid of the other animals in the forest. Every time he saw another animal, he would hide behind the leaves.

One day, Felix overheard the other animals talking about a great adventure. They were planning to climb the highest hill in the forest to enjoy the view. The animals were excited, but Felix felt uncertain. "I can't do that! What if I fall or get lost?" he murmured anxiously.

But his friends, the cheerful chickadee Mia and the brave hare Max, heard his worries. "Felix, you are much stronger than you think!" Mia encouraged him. "Come with us! We will support you!"

Felix thought for a moment and decided to give it a try. "Okay, I'll be brave," he whispered.

The next morning, Felix, Mia, and Max set off for the hill. The path was steep and full of obstacles. Felix trembled as they took their first steps. "I can't do this anymore!" he cried, wanting to turn back.

"Stay strong, Felix! We are here for you," Max encouraged. "Remember, we are strong together!"

Felix took a deep breath and put one foot in front of the other. Step by step, they climbed higher. At a particularly difficult section, Mia cheered Felix on, saying, "You can do it!"

After a few minutes of climbing, they finally reached the top of the hill. Felix was overwhelmed by the beauty of the view. "Wow! I can't believe I did it!" he exclaimed with excitement.

"See how brave you are?" said Max with a smile. "You've overcome your fear!"

Felix felt proud and happy. "I never thought I could be so brave! Thank you for believing in me!"

The three friends spent the day enjoying the view and telling stories. Felix realized that courage doesn't just mean having no fear, but also overcoming one's fear and trying new things.

From that day on, Felix was no longer the timid squirrel he once was. He had learned that with the support of his friends, he could overcome any challenge. And so, he lived bravely and full of adventure in the forest, always ready for new challenges.

Der Freundschaftsbaum

In einem weitläufigen, bunten Garten stand ein großer, majestätischer Baum, der als der Freundschaftsbaum bekannt war. Dieser Baum war nicht wie andere Bäume; er trug nur dann Früchte, wenn Freunde sich um ihn versammelten. Doch der Baum war einsam und hatte oft das Gefühl, dass niemand ihn besuchte.

Die Tiere im Garten wussten von der besonderen Eigenschaft des Baumes, doch sie waren beschäftigt mit ihren eigenen Abenteuern. Der Vogel sang in den höchsten Ästen, der Hase hüpfte umher, und die Eichhörnchen sammelten Nüsse. Der Freundschaftsbaum beobachtete sie oft, seufzte leise und fragte sich, ob er jemals die Freude des Teilens erleben würde.

Eines Tages beschloss der Baum, etwas zu unternehmen. „Ich werde eine Einladung für alle Tiere im Garten erstellen!", dachte er. Er ließ einige seiner schönsten Blätter fallen und formte sie zu bunten Einladungen. „Kommt und feiert mit mir!", stand darauf geschrieben.

Am nächsten Morgen begannen die Tiere, die Einladungen zu entdecken. Der Vogel flog aufgeregt zu seinen Freunden. „Lasst uns zum Freundschaftsbaum gehen! Er hat ein Fest geplant!"

Die Tiere waren neugierig und folgten dem Vogel. Als sie um den Baum herum versammelt waren, spürte der Freundschaftsbaum, wie sich sein Herz erwärmte. Plötzlich begann er, leise zu raunen, und seine Äste bewegten sich sanft im Wind.

„Willkommen, liebe Freunde!", rief der Baum mit einer sanften Stimme. „Ich bin so froh, dass ihr gekommen seid. Wenn wir zusammen sind, kann ich meine Früchte teilen!"

Die Tiere schauten sich verwundert an. „Früchte? Was für Früchte?", fragten sie.

„Die besten Früchte der Freundschaft!", antwortete der Baum und schüttelte seine Äste. Plötzlich erschienen köstliche, saftige Früchte in allen Farben. Die Tiere sprangen vor Freude und begannen, die Früchte zu pflücken und miteinander zu teilen.

„Wie lecker!", rief der Hase und gab dem Vogel eine Frucht. „Das schmeckt fantastisch!"

Der Vogel zwitscherte fröhlich und teilte seine Früchte mit den Eichhörnchen. Auch der Baum fühlte sich glücklich, als er sah, wie die Tiere zusammen lachten und Freude teilten.

Als die Sonne unterging, versammelten sich die Tiere um den Baum und erzählten Geschichten. Sie teilten ihre Abenteuer, lachten über lustige Erlebnisse und fühlten sich miteinander verbunden. Der Freundschaftsbaum erkannte, wie wertvoll Freundschaft war und dass das Teilen Freude brachte.

„Danke, dass ihr gekommen seid!", sagte der Baum schließlich. „Heute habe ich etwas Wichtiges gelernt: Die besten Früchte entstehen, wenn Freunde zusammenkommen."

Und so lebten der Freundschaftsbaum und die Tiere im Garten glücklich und vereint, umgeben von den köstlichen Früchten ihrer Freundschaft.

47

The Friendship Tree

In a vast, colorful garden stood a large, majestic tree known as the Friendship Tree. This tree was unlike any other; it bore fruit only when friends gathered around it. However, the tree felt lonely and often thought that no one visited him.

The animals in the garden knew about the tree's special trait, but they were busy with their own adventures. The bird sang in the highest branches, the hare hopped about, and the squirrels collected nuts. The Friendship Tree often watched them, sighed softly, and wondered if it would ever experience the joy of sharing.

One day, the tree decided to do something. "I will create an invitation for all the animals in the garden!" he thought. He dropped some of his most beautiful leaves and shaped them into colorful invitations. "Come and celebrate with me!" was written on them.

The next morning, the animals began to discover the invitations. The bird flew excitedly to his friends. "Let's go to the Friendship Tree! He has planned a party!"

The animals were curious and followed the bird. As they gathered around the tree, the Friendship Tree felt his heart warm. Suddenly, he began to whisper softly, and his branches moved gently in the wind.

"Welcome, dear friends!" the tree called out in a gentle voice. "I am so glad you have come. When we are together, I can share my fruits!"

The animals looked at each other in surprise. "Fruits? What kind of fruits?" they asked.

"The best fruits of friendship!" replied the tree, shaking his branches. Suddenly, delicious, juicy fruits of all colors appeared. The animals jumped for joy and began to pick the fruits and share them with one another.

"How delicious!" exclaimed the hare as he handed a fruit to the bird. "This tastes fantastic!"

The bird chirped happily and shared his fruits with the squirrels. The tree felt happy too as he watched the animals laugh and share joy together.

As the sun set, the animals gathered around the tree and told stories. They shared their adventures, laughed about funny experiences, and felt connected to one another. The Friendship Tree realized how valuable friendship was and that sharing brought joy.

"Thank you for coming!" the tree finally said. "Today, I learned something important: The best fruits come when friends come together."

And so, the Friendship Tree and the animals in the garden lived happily and united, surrounded by the delicious fruits of their friendship.

Der Wolkensammler

Es war einmal ein junger Fuchs namens Felix, der den Himmel liebte. Jeden Tag saß er auf einem Hügel und beobachtete die Wolken, die sanft über den blauen Himmel zogen. Felix stellte sich vor, was die Wolken wohl tun würden, wenn sie auf die Erde kommen könnten. „Wären sie weich wie Kissen oder kalt wie Eis?", fragte er sich oft.

Eines Tages, während Felix wieder auf seinem Lieblingshügel saß und die Wolken betrachtete, stolperte er über ein glänzendes, seltsames Glas, das unter einem Baum versteckt lag. Es sah ganz gewöhnlich aus, doch als Felix es in die Pfote nahm, begann es magisch zu funkeln. „Was für ein merkwürdiges Glas!", murmelte er und hob es neugierig auf.

Plötzlich erschien eine kleine Wolke am Himmel, und wie von Zauberhand wurde sie vom Glas angezogen und verschwand darin. Felix konnte kaum glauben, was er gerade gesehen hatte. „Ich kann Wolken sammeln!", rief er überrascht. Er rannte durch den Wald und sammelte Wolke um Wolke in sein Glas. Es fühlte sich an, als hätte er eine geheime Macht entdeckt.

In den nächsten Tagen machte Felix es zu seinem Spiel, Wolken zu sammeln. Wann immer er eine Wolke am Himmel sah, hielt er sein Glas hoch, und die Wolke wurde darin eingefangen. Das Sammeln machte ihm großen Spaß, und bald war das Glas voll mit weißen, grauen und sogar rosa Wolken. Doch während Felix das tat, bemerkte er, dass der Himmel immer klarer wurde und der Regen seltener fiel.

Die Pflanzen im Wald begannen zu welken, und die Tiere klagten über den Mangel an Wasser. „Wo ist der Regen geblieben?", fragte das Reh. „Die Blumen verwelken!", rief der Hase. Auch der Fluss, der durch den Wald floss, wurde immer flacher.

Felix schaute sich um und bemerkte, dass seine Freunde im Wald Probleme hatten. Da wurde ihm klar, dass seine Wolkensammlung der Grund dafür war. „Was habe ich getan?", fragte er sich schuldbewusst.

Mit schweren Pfoten ging Felix zurück zu seinem Hügel und setzte sich neben sein Glas. „Ich muss die Wolken freilassen", sagte er zu sich selbst. Er öffnete vorsichtig das Glas, und eine große Wolke schwebte heraus und verschwand am Himmel. Kurz darauf begann es leicht zu regnen. Felix lächelte, als er sah, wie der Regen die Blumen und Bäume erfrischte.

Von diesem Tag an sammelte Felix keine Wolken mehr für sein eigenes Vergnügen. Stattdessen lernte er, die Wolken nur dann freizulassen, wenn sie gebraucht wurden. Er wurde der Hüter des Regens, und die Tiere im Wald vertrauten ihm, dass er die Wolken immer zur richtigen Zeit freigeben würde.

Der Wald begann wieder zu blühen, und die Tiere waren glücklich. „Danke, Felix, dass du uns das Wasser zurückgebracht hast!", sagte der Hase fröhlich. Der Fuchs lächelte bescheiden.

Und so lebte Felix weiterhin im Wald, nicht als Wolkensammler, sondern als Wächter der Wolken. Er wusste jetzt, wie wichtig es war, die Natur im Gleichgewicht zu halten und für andere da zu sein.

53

The Cloud Collector

Once upon a time, there was a young fox named Felix, who loved the sky. Every day, he would sit on a hill and watch the clouds gently drift across the blue sky. Felix often wondered what the clouds would do if they could come down to Earth. "Would they be soft like pillows or cold like ice?" he often asked himself.

One day, while Felix was sitting on his favorite hill again, watching the clouds, he stumbled upon a shiny, strange jar hidden under a tree. It looked quite ordinary, but when Felix picked it up, it started to sparkle magically. "What a strange jar!" he murmured and curiously lifted it.

Suddenly, a small cloud appeared in the sky, and as if by magic, it was drawn into the jar and disappeared. Felix could hardly believe what he had just seen. "I can collect clouds!" he exclaimed in surprise. He ran through the forest, capturing cloud after cloud in his jar. It felt as if he had discovered a secret power.

In the following days, Felix made a game out of collecting clouds. Whenever he saw a cloud in the sky, he held up his jar, and the cloud was caught in it. He had a lot of fun collecting, and soon the jar was full of white, gray, and even pink clouds. But as Felix did this, he noticed that the sky became clearer and it rained less and less.

The plants in the forest began to wither, and the animals complained about the lack of water. "Where has the rain gone?" asked the deer. "The flowers are wilting!" cried the rabbit. Even the river that flowed through the forest was becoming shallower.

Felix looked around and realized that his friends in the forest were having problems. It dawned on him that his cloud collection was the reason for it. "What have I done?" he asked himself guiltily.

With heavy paws, Felix returned to his hill and sat beside his jar. "I have to release the clouds," he said to himself. He carefully opened the jar, and a large cloud floated out and disappeared into the sky. Shortly afterward, it began to rain lightly. Felix smiled as he watched the rain refresh the flowers and trees.

From that day on, Felix no longer collected clouds for his own amusement. Instead, he learned to release the clouds only when they were needed. He became the guardian of the rain, and the animals in the forest trusted him to always release the clouds at the right time.

The forest began to bloom again, and the animals were happy. "Thank you, Felix, for bringing the water back to us!" said the rabbit cheerfully. Felix smiled humbly.

And so Felix continued to live in the forest, not as a cloud collector, but as a guardian of the clouds. He now knew how important it was to keep nature in balance and to be there for others.

www.ingramcontent.com/pod-product-compliance
Lightning Source LLC
Chambersburg PA
CBHW072043150726
47996CB00014B/1343